Elisabeth Medbach

Sechs Buchen - eine Umkreisung in Gedanken

 tredition

Impressum

© 2023 Elisabeth Medbach
Druck und Distribution im Auftrag der Autorin:
tredition GmbH, Halenreie 40-44, 22359 Hamburg,
Deutschland

ISBN 978-3-347-96278-1

Ich fliege, ein krächzender Rabe,

Über mich selber hin.

Joachim Ringelnatz, Frühling hinter Bad Nauheim

6. April

Ein Flugzeug, der Notarzt, die Straße. Vögel: Krähen, Meisen, Unbekannte. Die Buchen sind noch unbelaubt, die Bank ist frei, also steuert U. sie an, wird Teil der Konstellation.

Stachlig bewehrte Fruchtbecher auf dem Boden, an den kahlen Ästen, die wie erwartungsvolle Arme in den lichtblauen Himmel greifen. Es ist hier nicht still, aber relativ ruhig – ein Ort, wie U. ihn nicht in seiner Nähe vermutet hätte. Zwischen den Wurzeln treiben Pflanzen aus. Was wird aus ihnen werden? Schon ist es U. nicht mehr gleichgültig.

Aus der Vision, aus dem Schall, aus der Berührung, aus Geschmack und Geruch konstruiert das Gehirn die Welt, orientiert den Organismus, damit er weiterexistieren kann, primäres Ziel allen Lebens. Bei seinesgleichen kommt noch ein wenig mehr dazu, denkt U., das versteht sich.

Im Efeu drüben ein Nest, die Eltern fliegen ein und aus. Das war vor einer Woche auch so, als U. das erste Mal hier vorbeikam. Er kommt dem Ganzen näher – und umgekehrt.

13. April

Aus den Trieben am Fuß der Buchen sind kräftige Blätter gewachsen, die Bäume selbst wirken unverändert, aber sie sind es natürlich nicht. Rotbuchen sind nichts Besonderes, werden als selbstverständlich hingenommen, der vertieften Aufmerksamkeit kaum für wert gehalten, gelten als „gemeine Buchen". Bei diesen mag es gelegentlich anders sein, denn ihre Größe, aber auch die Tatsache, dass sie eine Sechsergruppe bilden, fällt ins Auge.

Diese Bäume sind Individuen und Gattungswesen zugleich. Sie folgen dem genetischen Bauplan: Wachsen und gedeihen, wie Nährstoff- und Wasserversorgung sowie der Lichteinfall es zulassen.

Eine der Buchen hat eine Wunde, eine großflächige Verletzung der Borke, die durch eine Art Vernarbung nur kompromisshaft geschlossen ist.

U. streicht vorsichtig über die geriffelte Fläche, hofft, dass ihn niemand dabei beobachtet und für einen Spinner hält. Aber warum eigentlich? Was könnte ihm die Meinung des zufällig Vorübergehenden bedeuten? Es ist ziemlich kühl, soll noch einmal schneien. Eine einzelne Blume fällt U. auf, ein voreiliger Blaustern.

17. April

Ein von U. überraschtes Eichhörnchen flieht, auf der Bank liegt eine weiße Styroporplatte, als wärmende Unterlage. Erstaunlich viel „Action" in der Umgebung: Gärtnereifahrzeuge fahren vorbei, eine Beerdigung findet statt. Manche Buchen treiben bereits aus, in einem zärtlich stimmenden, geradezu vorsichtigen Hellgrün.

Aber diese hier nicht, keine von ihnen. Als ob sie es vereinbart hätten. Wenn, falls U. wiederkommt, wird es aber so sein. Unabhängig davon, ob U. wiederkommt wird es so sein.

Wo vorhin noch die Beerdigung war, ist nun ein orangefarbenes Gefährt angekommen. Erde wird in das Grab gekippt. Die letzten Trauergäste verlassen den Ort, um das geschäftige Treiben nicht zu stören.

Der Friedhof ist auch – ein Arbeitsplatz. Regelungen sind zu beachten, Vorschriften einzuhalten, ein Pensum ist zu erledigen, nach genau bestimmtem Plan, der keine Abweichungen vorsieht.

Vorbei die Zeiten, als noch der Totengräber seinen ernsten Dienst versah, bei Wind und Wetter. U. fragt sich, ob im Winter mit dem Presslufthammer vorgegangen wird, eigentlich kann es nicht anders sein. Erdbestattungen liegen jedoch ohnehin nicht mehr im Trend und so wird sich der beschwerliche Aufwand immer mehr reduzieren.

Und ab geht die Fahrt, zur nächsten Grube.

1. Mai

Die Verwandlung. Alle sechs haben ausgetrieben. Der Styropor-Sitz ist immer noch da.

Er ist ein Indiz für die Anwesenheit einer anderen Person, die ebenfalls diesen Ort für sich gewählt hat. Er ist auch ein Indiz dafür, dass die Wahrnehmung dieser anderen Person der seinen ähnelt, sie für Temperaturen empfindlich ist, Territorialverhalten praktiziert, sogar hier.

U. respektiert diese Rechte, in absentia.

An einer Begegnung ist ihm nicht gelegen. Er stellt sie sich sogar eher unangenehm vor, denn jede Anwesenheit verändert die Stimmung und sowohl er als auch die andere Person würde sich eingeschränkt und befangen fühlen, davon geht U. aus. Der Standort der Bank inmitten der Bäume schafft eine Abgeschiedenheit, die unter Fremden peinlich, unter Freunden vertrauensfördernd ist.

Bis hin zur Liebesgemeinschaft, wie sie sich als S&M im Stamm einer der Buchen festgehalten findet. U. fragt sich, ob diese beiden noch ein Paar sind und gelegentlich in romantischer Stimmung hier sitzen.

Auf einem der anderen Stämme stehen ebenfalls Buchstaben. Os, cell, Mah, ada – das ist nicht
frisch, da die vollständigen Namen von Efeu bedeckt sind. Die angeblich einst aus Buchenstäbchen
gelegten Runenzeichen finden hier Nachfolger.

Buche - Buch: Naturmaterial als Kulturträger.

19. Mai

Alles ist belaubt, grün, üppig. In der Sonne wäre es für U. noch angenehmer, aber er will ja bei den Buchen sein, an ihnen seine Aufmerksamkeit schulen. Das Styropor ist weg, nie wird U. sein weiteres Schicksal erfahren. Stattdessen liegt eine Seite aus einem Anzeigenblatt auf dem Boden, vom Regen lädiert und der Auflösung preisgegeben.

Rechts zwei Frauen mit Fahrrädern. Das limbische System aktiviert sich, gleicht die Situation mit früheren Erfahrungen ab, kommt zum Ergebnis, dass die nicht mehr jungen Frauen gewiss genauso harmlos sind wie U. selbst. Sie schieben ihre Räder vorbei, im Dialekt plaudernd.

Existieren diese Bäume auch in seiner Abwesenheit? Die Frage, ähnlich der nach dem Geräusch eines umfallenden Baumes ohne Zuhörende, beschäftigt U. eine Weile.

Ja, würde er auf seinem derzeitigen Erkenntnisstand antworten, aber nicht in der Weise, in der er sie subjektiv wahrnimmt. Sein Gehirn bringt sie in der ihm präsenten Gestalt hervor, aufgrund der Verarbeitung von Lichtwellen.

Was U. sieht, ist nur ein Eindruck, ein aus Reizen hergestelltes Konstrukt, korrigiert er sich ganz nach herrschender Meinung– aber dieser Eindruck hat eine Entsprechung außerhalb von ihm.

Um sich dessen zu vergewissern, fasst U. an den Stamm der ihm am nächsten stehenden Buche, setzt sich erleichtert wieder.

Durch das Blätterdach fallen Sonnenstrahlen, Schattenflecke umspielen U.s Hände, seine Oberschenkel in der weinroten Cordhose.

Nichts könnte flüchtiger sein, nichts wirklicher.

26. Mai

Sonnenschein, Wolken wie vor einem Gewitter. Glockenblumen und Ahorn zu Füßen der Buchen.

Diese Bäume, so schwesterlich sie wirken, sind keine Freundinnen. Sie konkurrieren um Raum und Licht und in der Tiefe um Wasser. Jede sucht sich optimal zu versorgen, gegebenenfalls auch auf Kosten der anderen. Ihre Äste setzen erst auf einer Höhe von etwa 6 Metern an, die dünnste von ihnen hat bis zu einer Höhe von ca. 10 Metern überhaupt keinen Ast, ein Verzicht zugunsten der Nachbarinnen.

Unter Umständen ziehen sie aus der engen Nachbarschaft aber auch einen Vorteil, sind durch Sturm weniger angreifbar oder schaffen und teilen ein ihnen genehmes Mikrobiom. U. hat das Buch eines Försters gelesen, der die Kooperation, ja Kommunikation von Bäumen beschrieb. Er kann das nicht recht glauben, aber es ist eine erbauliche Vorstellung, eine Art Sozialkompetenz auch im Pflanzenreich zu vermuten.

Nicht weit von hier ist sein Freund M. bestattet. Ihre Beziehung war mehr als: zur selben Zeit am selben Ort, denkt U. dankbar.

2. Juni

Wunderbar angenehm, geborgen unter den Bäumen, die per Chlorophyll das Sonnenlicht einfangen und auf diese Weise Immaterielles zu Materiellem werden lassen. Das Gehirn hält es vermutlich umgekehrt. Sanft streichelnder Wind, ein echter Sommertag.

Würde U. sich hier neben jemand setzen? Nein, ganz bestimmt nicht. Würde es jemand anders tun? Kaum, und wenn doch, fände U. es höchst suspekt. Er beschließt, unverzüglich aufzustehen und mit einem knappen Gruß seinen Platz aufzugeben, falls eine oder einer auf die Idee käme. Die Wahrscheinlichkeit ist jedoch sehr gering.

Die Gegenwart anderer Menschen verändert. U. kommt auf diesen Gedanken zurück. Sogar die Anwesenheit eines Paares, das ihn nicht bemerkend drüben ein Grab gießt. U. möchte nicht als Beobachter entdeckt werden und rutscht aus der Sichtachse.

Als sie dann gehen ohne sich nach U. umgesehen zu haben, besteht der Mann darauf, die Gießkanne zu tragen, obwohl sie jetzt leer ist. U. findet, dies spricht für ihn, gerade weil er sich ohne Zeugen glaubt.

Die Buche, die U. mittlerweile am meisten bedeutet, ist die so arg lädierte. Die Notrinde über der Wunde wirkt mürbe und fragil. Weiter oben fehlt ein Ast, wahrscheinlich abgesägt, um die Möglichkeit eines unverhofften Herabstürzens auf die Bank auszuschließen. Die Lebensgefahr durch Bäume wird von der Friedhofsverwaltung offenbar ernst genommen – und das zu Recht.

Getötet von einem Baum, einer auf den Champs-Élysées vom Sturm umgeworfenen Platane. Dies war das Ende Ödön von Horváths in seinem Pariser Exil, im Juni 1938. U. erinnert sich an ein im Rundfunk ausgestrahltes Gespräch mit Horváth kurz vor der Machtübergabe an die Nationalsozialisten. Horváth sah präzise voraus, was bevorstand und teilte es öffentlich mit.

Winfried A. ist in der Nähe begraben, verstorben im November 1933. Darauf aufmerksam geworden, hat U. den Namen im Internet gesucht. Dieser Mann war ein Soldat im Ersten Weltkrieg, dann Freikorpskämpfer, dann Polizeibeamter. Jurist. Nationalsozialist. Ein Leistungsträger und Aufstiegskandidat im Sinne des damaligen Systems, an dessen kürzer als verkündet dauernder Zukunft er nicht mehr aktiv mitzuwirken vermochte.

Gnade des frühen Todes.

8. Juni

Abendstimmung im Grünen. Vogelstimmen – sind es weniger als früher? Als junger Mensch achtete U. nicht darauf, er hatte keinen Bezug zur Natur und fand wenig Gefallen an ihr.

Die Wunde der Buche ist durch einen Riss entstanden, der sich mit ihrem Weiterwachsen stetig-vergrößerte. U. schätzt die Wunde auf 80 Zentimeter Länge und dreißig Zentimeter Breite. Sie stand der Entwicklung des Baumes nicht im Wege. Sie wurde verschlossen und vollzog die Entwicklung mit, viele Jahre lang.

Warum ist die Wunde für die christliche Religion so zentral? Vielleicht, weil an ihr die Conditio humana am deutlichsten wird, überlegt U. So ähnlich sagte es Professor L. in Bezug auf die Wunde des Amfortas im „Parzival". Nicht ohne besonders hervorzuheben, dass es sich um eine Wunde am Geschlecht handle. Warum das? Weil der Drang zur körperlichen Lust am stärksten in das Leben hineintreibt. Schuld entsteht, am Mitmenschen und an sich selbst. Die Wunde macht auch unverwechselbar, sie begründet Sorge und Liebe. Sie lässt fragen, wie es zu ihr kam, was zugestoßen ist.

20. Juni

Die Struktur, welche die Feiertage geben. Heute ist Fronleichnam, ein Wort wie aus der Zeit gefallen. Man könnte an den „Frondienst" denken, an den „Leichnam" sowieso, aber Germanist U. weiß es genauer: „vrōn" ist „heilig" und „herrschaftlich" zugleich, „līcham", der „Leib", also die Hostie.

Eine Taube landet auf einem Ast über U. Einmal, vor vielen Jahren, hatte er einen Traum, in dem er fliegen konnte. Dieser Traum übertraf an Unmittelbarkeit das meiste, das U. im Wachzustand je erlebt hatte. Der kraftvolle Aufschwung, die Bewegung in der Luft, die Landung – der alles erfassende Blick, ein neues Ziel, die Konzentration darauf.

Vielleicht wird er sich dereinst einmal als Vogel aufschwingen, denkt U. und muss lachen. Nicht er wird das sein, und wenn doch, würde er sich nicht wiedererkennen – frei nach Wilhelm Busch.

Überhaupt – die Tauben, verklärt und verachtet zugleich. Die weiße Taube des Heiligen Geistes, das Friedenssymbol mit dem Ölzweig im Schnabel. Die geduckten, grauen Geschöpfe, die mit verletzten Füßen nach Krumen suchen. Gehetzt, benutzt, vergrämt, wie es heißt.

5. Juli

Es gibt eine ähnliche Buchengruppe, nicht weit entfernt. Ebenfalls sechs Buchen, aber nicht so mächtige wie diese hier. Es steht auch keine Bank in ihrer Mitte, sodass U. das Ziel seiner Spaziergänge nicht abwandeln wird.

Warum sind es ebenfalls sechs? Dies könnte biologische Gründe haben. Vielleicht ist ein Rund aus sechs Bäumen am besten geeignet, um allen gerade noch genügend Entfaltungsmöglichkeiten zu bieten.

Es könnte aber ebenfalls sein, dass die Buchen in solchen Gruppen angepflanzt wurden, vor vielleicht siebzig, achtzig Jahren, schätzt U. in Anbetracht der Stämme.

Das Licht des Sommerabends fällt – auf Christus. Von einem Grab sieht er mit grüßender Geste herüber. Folge mir nach und du wirst Schuld und Tod überwinden, lautet die Verheißung. Folge mir nach, wie unzulänglich auch immer du bist, Sünder.

Wer weiß, was möglich ist, wenn jemand diese Bewusstseinsstufe erreicht, denkt U. und schilt sich gleich für seinen unaufgeklärten Gedankengang.

An den Buchenstämmen krabbeln Baumwanzen hinauf, je länger U. hinsieht, desto mehr Exemplare fallen ihm auf, ausnahmslos auf dem Weg nach oben. Sie scheinen nicht oder noch nicht flugfähig zu sein. Irgendwelche Baumwanzen, genauer weiß U. es nicht, dem Kenner würde sich hier eine eigene Welt öffnen, keine Frage.

Stark abgerauchte Zigarettenkippen liegen auf dem Boden – und fünf Pfirsichkerne. Eine Schachtel Zigaretten und dazu viel gesundes Obst?

U. bräuchte eine Zange, um alles zu entsorgen, er wird sie mitbringen.

13. Juli

Im Regen bei den Buchen. Das Blätterdach hält einiges ab und eine Stelle neben der verwundeten Buche ist annähernd trocken geblieben. Dort stehend kann U. den Schaden studieren. Verschiedene Veränderungen in der Borke sind erkennbar, ein Pilz wächst heraus, als gekräuselte Masse, die frisch und durchfeuchtet wirkt und U. früher nicht aufgefallen ist.

Auf dem Boden ziehen drei Weinbergschnecken dahin, von den dunkelbraunen Fruchtbechern kaum zu unterscheiden. Diese stammen aus dem Vorjahr und die Bucheckern sind allesamt verschwunden, aufgefressen oder als Vorrat vergraben. 10.000 Nüsse sammelt ein Eichhörnchen pro Saison, hat U. gelesen, eine geradezu unglaubliche Anzahl.

Er pickt mit einer Wäscheklammer ca. 30 Zigarettenkippen auf und verstaut sie in einem Plastiktütchen, um sie in einem Abfalleimer auf dem Friedhofsvorplatz zu entsorgen.

U. fühlt sich den Buchen verbunden, als ihr Schützling und Beschützer zugleich.

21. Juli

Nach einem Sommerregen und -gewitter, es tropft noch von den Bäumen, aber U. kann auf seiner Regenjacke sitzen. Circa 20 neue Zigarettenkippen fordern eine Reaktion heraus. Gerne würde U. eine harsche Belehrung an die Bank heften, aber er verspricht sich nichts davon.

Das feuchtwarme Wetter hat auch den Pilz im verwundeten Baum weiter anwachsen lassen. Er sieht aus wie ein Wutball, mit seinen spitzen Noppen. „Pilz außen" heißt „Pilz innen". Weiße Flecken auf der Borke hängen wohl auch damit zusammen. Flechten wachsen auf dem Stamm, grünspanfarben sind sie und ockergelb. U. freut sich darüber, er nimmt es als Beweis für die Luftqualität

Zuhause liest er einen Online-Artikel im utilitaristischen Stil der Zeit. Dort wird die Frage aufgeworfen, ob Buchen den Klimaveränderungen gewachsen sein werden, wie es um ihre „Zukunftsfähigkeit" bestellt ist. Bezüglich der Friedhofsbuchen fällt die Prognose düster aus, denn für sie gilt laut dem Artikel, dass sie aufgrund fortgeschrittenen Alters und enger Nachbarschaft ganz besonders stark vom Vertrocknen bedroht sind.

28. Juli

Dunkle, unheimliche Stimmung. Es fängt an zu regnen und wieder hat U. keinen Schirm bei sich. Die Buchen haben ihre Freunde (z. B. die Efeuabschneider, die ihnen das Erstickt- und Ausgesaugtwerden ersparen wollen) und ihre Feinde (z. B. den holzzerstörenden Pilz, der in ihnen und von ihnen lebt). Sie haben auch eine Mischung daraus (z. B. den unbekannten Raucher, der einerseits hier Erholung sucht und andererseits den Boden mit Nikotin vergiftet).

Es gibt nichts vollkommen Intaktes, denkt U., sich mit einem Plastikumhang gegen den Regen schützend, höchstens transitorisch. Immer kommt etwas, das zersetzen und auflösen wird.

Er sieht zu, wie das Wasser nun die Stämme herunterläuft und auf dem Weg einen kleinen See bildet. Es versickert unglaublich schnell, Labung für die sechs Schwestern nach einer Hitzewoche.

U. vermeint geradezu zu hören, wie das Wasser kraftvoll eingesaugt wird und in den Stämmen nach oben steigt. Aber das kann auch Täuschung sein, wie so vieles.

3. August

Wieder schwere Wolken, doch diesmal ist U. besser ausgerüstet. Bei diesem Licht haben die Buchen etwas Bedrohliches an sich. Er selbst wirkt wohl seinerseits verdächtig, aber es ist niemand zu sehen. Der Raucher war nicht da – wohl eher ein Schönwettermensch.

„One step away from them" schrieb ein amerikanischer Dichter über seine toten Freunde. Und es ist wahr. Vom Tod trennt wenig: ein übersehenes Auto, eine unerwartete Diagnose, ein unvorsichtiger Schritt ... den Möglichkeiten sind kaum Grenzen gesetzt.

In biologischer Hinsicht profitieren vom Tod des einen andere, bauen neue Organismen sich auf. Kulturell ist es nicht anders. Etabliertes muss abgelöst werden, damit es Fortschritt geben kann. Alles einsehbar, aber doch nur bedingt tröstlich, findet U.

Er hat Blumen am Grab von M. abgelegt. Hat das eine Bedeutung? Ja, für ihn selbst. Ja, vielleicht für Friedhofsbesucher, die gerne Blumen sehen. Hat es eine Bedeutung für den Toten? Die Frage wirkt ziemlich skurril. Aber das war nicht immer so.

17. August

Die Früchte des Pilzes sind, während U. ein paar Tage in Urlaub war, prächtig gediehen und haben die Notrinde von innen heraus durchdrungen und aufgesprengt. Dies ist das Einfallstor des Todes, es wird sich von Jahr zu Jahr vergrößern.

Hunderte von alten Fruchtbechern liegen auf dem Boden, das samtige Innere lädt zur Berührung ein. Neue entstehen zu Abertausenden. Die Buchen betreiben einen wahrhaft gewaltigen Fortpflanzungsaufwand. Aus seiner frühen Schulzeit erinnert sich U. daran, dass sie – wie auch Eichen – sogenannte Mastjahre haben, in einer periodischen Abfolge. Es scheint eine Art Strategie dahinter zu geben, eine unausgesprochene Übereinkunft so viele Früchte zu produzieren, dass nicht alle aufgefressen werden können.

Ebenfalls am Boden: viele Kippen, abgeraucht bis zum Geht-Nicht-Mehr. Derselbe Raucher, schließt U. daraus. Auch die Pfirsichkerne liegen noch herum, aber das ist das geringere Übel. Jede Kippe Gift für das Wasser.

U.s Missbilligung wächst. Er sammelt etwa 30 Stück ein und schafft sie weg.

7. September

Der Raucher hat das übliche Quantum hinterlassen, U. würde zu gern seine Identität kennen.

Ein Kandidat geht vorbei, nur kurzer Blick auf U. Der ältere Mann bleibt betend vor einem Grab stehen. U. schaut auf sein Smartphone, bleibt aber aufmerksam. Heute wird es nichts mit der Umweltverschmutzung, denkt er trotzig und bereitet sich auf eine Auseinandersetzung vor. Doch der Mann holt wider Erwarten keine Zigaretten heraus und geht weiter.

U. hat sich in der Zwischenzeit informiert: Die Buche ist der heimische Baum, mehr als die Eiche. Ginge es nach der Natur, gäbe es hierzulande Buchenwälder statt Fichtenforste. Zwar wurde die Rotbuche während der letzten Eiszeit aus Mitteleuropa verdrängt, sie überlebte aber im Mittelmeerraum und eroberte ihr Verbreitungsgebiet vor etwa 10.000 Jahren zurück.

12. September

Keine Kippen – dafür weiße Federn. Ein Kampf hat stattgefunden. Ein Kampf auf Leben und Tod.

Das Opfer wird eine Taube gewesen sein, eine helle, womöglich sogar weiße Taube. Wer schlägt hier eine Taube? Ein Kauz oder eine Eule? Die Krähen? Zuzutrauen wäre es ihnen, sie fressen kleine Eichhörnchen und Jungvögel und greifen sogar Menschen an, wenn sie ihre Brut gefährdet sehen. Hacken auf den höchsten Punkt ein, um das Opfer fertigzumachen, auch zu mehreren.

Krähen sollen eine Bewusstseinsvorstufe besitzen, erkennen sich selbst im Spiegel, platzieren Nüsse vor herannahenden Autos, um die Schale zu knacken, picken Wachs aus Kerzenresten und verteilen sie dabei über den Friedhof. Krähen schätzen Geschwindigkeiten genau ein und halten stets einen genau austarierten Sicherheitsabstand ein.

Damit ist die Sonderstellung des Menschen hinfällig, schließt U., offenbar besteht nur ein quantitativer Unterschied zwischen ihm und dem Tier und kein qualitativer. Fair enough.

22. September

Erste braune Blätter, aber keine Kippen. Was ist mit dem Raucher? Hoffentlich ist ihm nichts zugestoßen, denkt U., auf paradoxe Weise besorgt. Dass ihn sein Wirken zum Umweltschutz bekehrt hat, glaubt er nicht. Eher schon an eine längere Reise, das ist das plausibelste Szenario.

Die Buchen verbringen ein halbes Jahr mit Blättern, ein halbes ohne. U. hat in einem der im Gefolge des Baumbestsellers zahlreich erschienenen Waldbücher etwas Verurteilendes über sie gelesen. Sie würden sich brachial gegen andere Pflanzen durchsetzen und diese an Lichtmangel eingehen lassen. Das stimmt tatsächlich, denn auch unter diesen Buchen wächst kaum etwas, ein kleiner Holunder wirkt angeschlagen, mickrig. Aus ihm wird nicht viel werden können – aber er gibt nicht auf.

So wäre die „gemeine Buche" tatsächlich ein minderwertiger Charakter und nicht nur eine weitverbreitete Pflanze.

Zugunsten der Buchen könnte man natürlich ihre enorme Leistung bei der Bindung von Kohlendioxid anführen, das stellt vieles in den Schatten. U. hat recherchiert, dass bei einer 50-jährigen Buche pro Stunde etwa 800 Gramm Sauerstoff aus den Spaltöffnungen der Blätter austritt, etwa so viel, wie 25 Menschen im Durchschnitt benötigen, um eine Stunde zu atmen.

Existenzberechtigung durch Leistung – ein weithin anerkannter Zusammenhang.

Diesen Buchen hier kann nichts geschehen, sie sind sicher vor dem Gefälltwerden und der Vermarktung als Pellets. Allerdings könnte die Verwundete als Risiko eingestuft werden. Sie zu entfernen wäre ein aufwändiges Unterfangen, das einen ganzen Tag in Anspruch nähme und mit allerhand Vorkehrungen verbunden werden müsste.

Aber: Kompetente Männer würden es mit den entsprechenden technischen Hilfsmitteln bewerkstelligen, erst die Äste abzusägen und dann, von oben her kürzend, sukzessive den Stamm. Der Erlös wäre wohl nicht zu vernachlässigen, bei all der Nachfrage nach Holz.

U. drängt den Gedanken rasch weg. Immerhin ist der Stamm so dick, dass er trotz Beschädigung keine Zeichen der Schwäche erkennen lässt. Dies ist aber nur die Einschätzung eines Laien, stark verzerrt durch Zuneigung und Identifikation.

29. September

Der Färbungsgrad scheint U. unverändert.

Das Rätsel „Raucher" ist endlich geklärt, es sind Friedhofsgärtner, die unter den Buchen ihre Pause einlegen. U. musste auf seine Bank verzichten. So wie er diese Männer einschätzt, würden sie sich kaum seine Überlegungen zum Umweltschutz zu Herzen nehmen.

U. beschließt daher, ein Marmeladenglas mitzubringen und es als Aschenbecher zur Verfügung zu stellen, aber nicht persönlich, sondern zur Selbstbedienung.

Da die Sonne nun tiefer steht, wird die Bank von hinten beschienen. Der Stamm der Buche links vor U. liegt voll im Licht, schimmert in einem seidigen Grau. Scharten und Schrammen zeigen sich, Furchen und Linien werden sichtbar. Moos und Flechten treten plastisch hervor. Sie alle haben hier Heimat gefunden, eine Lebensgemeinschaft begründet.

U. sitzt auf der Bank und lauscht dem Geräusch herabfallender Buchenfrüchte. Die scharfkantigen Eckern bergen den beflaumten Samen, der zum Keimling werden könnte.

6. Oktober

Einsamer, dunkler Spaziergang. Nur wenige Hartgesottene sind im Nieselregen unterwegs und weichen einander grundsätzlich aus.

Kleine Pilze sind am Fuß der Lieblingsbuche erschienen. Etwa zehn Prozent ihrer Blätter sind bereits braun.

U. kann sich die Präsenz der Toten vorstellen, der Ort legt es nahe. Daher gibt es ein auf dem Friedhof angebrachtes Verhalten und ein unangebrachtes. Früher hatten die Menschen dafür ein Sensorium – oder sie wurden auf Spur gebracht und lernten, was in Ordnung war und was nicht.

U. stellt fest, dass das Marmeladenglas tatsächlich Verwendung findet. Schon sind etwa 20 Kippen darin vereint. Er leert sie in eine Plastiktüte und stellt das Glas wieder an seinen Ort.

Nudging in seiner schönsten Art.

24. Oktober

Goldbraunes Laub taumelt herab, eine letzte Gabe der Bäume für dieses Jahr. Allerlei Friedhofsarbeiter sind unterwegs, im Vorfeld von Allerheiligen, dazu Grabbesucher, die noch vor dem Ansturm Hand anlegen wollen – U. wird sich heute bald entfernen.

Was ist es, das all die Ratgeber zur Selbsthilfe schriftlich, mündlich, analog und digital in Aussicht stellen? Was ist es, das Coaches und Gurus reich macht und andere an sie glauben und ihnen folgen, sie finanzieren lässt?

Es ist das Versprechen einer Einsicht, das Angebot einer Formel, die Erklärung eines Prinzips, das die Augen aufgehen lässt, verändert und verbessert, für ein und allemal. Danach werden sich die Nadeln ausrichten, der ordnende Magnet steht zur Verfügung, es gibt Richtung und Ziel, der Erfolgsmensch hat sich verwirklicht.

In der Nähe des Friedhofseingangs befinden sich die repräsentativsten Grabmale. Sie stammen überwiegend aus den 20er Jahren, einer Zeit, in der sich viele nur einen Pappsarg leisten konnten. Hier aber trauern monumentale Engel und verschleierte

Frauengestalten, Christus steht in Überlebensgröße da, klangvolle Namen sind vergoldet und mit Ornamenten verschönert. Diese Gräber sind Kunstwerke und wo eines aufgegeben wird, kann man es neu erwerben.

„Selbstbestimmt gelebt" steht auf einem und U. kann über diese selbstgewisse Proklamation nur staunen– zumal der Grabbesitzer offenbar noch am Leben ist, denn nur das Geburtsdatum ist vermerkt.

U. denkt an M. und seine letzte Krankheitsphase, die verzweifelte Versuche, den Tod fernzuhalten, mit sich brachte. Besonders kurios war der angebliche Sioux, ein Mann aus Kalifornien, der als Heiler und Weisheitslehrer auftrat und M. das Geld aus der Tasche zog. M. erhielt dafür Rauchrituale und mondanbetenden Gesang, er glaubte daran und glaubte auch, dass die Schulmedizin nicht mehr helfen könnte.

Nichts und niemand konnte es.

9. November

U. sitzt bei blasser Sonne und spürbarem Wind inmitten von Laubbergen. Für die Grabbesitzer sind sie ein Grund zur Verzweiflung, für die Igel sind sie eine Zuflucht – U. hofft, dass einige Laubhaufen bleiben dürfen. Aber noch hängt etwa die Hälfte der Blätter goldgelb und rötlichbraun an den Ästen. Dazwischen Knospen, Investition in die Zukunft.

Aus dem Stamm der „Verwundeten" hat etwas - oder jemand - große Stücke herausgebrochen, im Inneren sammelt sich mürbe, lockere Holzmasse. Etwas Harz ist ausgetreten, das wird nichts nützen. Als Arzt müsste U. jetzt eine unheilbare Krankheit diagnostizieren, mit langem Siechtum.

Noch etwas fällt ihm auf: Jemand hat den kleinen Holunder abgeschnitten und noch einen anderen kleinen Strauch daneben. Wahrscheinlich die Friedhofsgärtner im Vollzug amtlicher Vorschriften.

U. nimmt eines der Blätter vom Boden auf und legt es, trocken und brüchig geworden, auf seine Handfläche. Ihm fehlen die Begriffe zur korrekten Benennung und so begnügt er sich mit der Betrachtung, widmet sich dem Blatt als einem Ausdruck der gemeinsamen Wirklichkeit. –

17. November

Schönes, mildes Licht. U. hat dazugelernt und das eigens angeschaffte Sitzkissen nicht vergessen.

Krähengesang. Sie zählen ja zu den Singvögeln, machen diesen aber nicht viel Ehre. Lebendig und heiter findet U. die Stimmung, viel Grün ist noch zu sehen, blühende Rosen.

Eine Familie kommt vorbei, entzündet an einem Grab in der Nähe eine Kerze. Man riecht es in der Luft.

Von den Blättern zu U.s Füßen und um ihn herum ist keines gleich und doch sind sie nicht grundverschieden.

Ihr Abfallen ist Teil des Lebensvollzugs, sorgfältig vorbereitet und so eingerichtet, dass kein am Baum zurückbleibendes Zellgewebe zerstört wird. Nun liegen sie wie eine wärmende Decke auf dem Boden, denn die Entsorger sind hoffnungslos überfordert.

24. November

Grablichter, vereinzelt schon Weihnachts-Deko. Unterschiedlicher Entlaubungsgrad. Die Buchen im Westen weisen noch mehr Blätter auf, das verwundert U., denn dort ist die Wetterseite.

Nicht alle Grabbesitzer machen sich die Mühe, die Buchenblätter abzukehren und wegzuschaffen, Manche Gräber sind vollständig von Laub bedeckt, man hat resigniert oder es gibt niemanden, der diese Aufgabe übernehmen will. Die Masse an Laub ist überwältigend, ohne Zweifel sind die Buchen hier in der Übermacht und geben Anlass zu Verärgerung.

Zur Abwechslung umkreist U. die Buchen und nicht sie ihn, denn die Bank ist besetzt. Eine Frau sitzt dort, trotz des trüben Wetters und trotz der fortgeschrittenen Tageszeit. Sie liest und im scheinbar desinteressierten Vorbeigehen identifiziert U. sie als pensionierte Lehrerin, vermutlich Gymnasium. Er kennt diesen Typus seit seiner Zeit als Taxifahrer und lehnt ihn ab. Besserwisserisch und sparsam, was das Trinkgeld angeht, dabei penibel genau, was die kürzeste Route betrifft.

U. fragt sich, ob sie nichts Besseres zu tun hat als seine Bank zu blockieren und schlägt einen weiten Bogen, der etwa fünfzehn Minuten in Anspruch nimmt. Doch sie sitzt immer noch da, nimmt keine Notiz von ihm.

U. tritt eine noch weiträumigere Umrundung an, die annähernd fünfzig Minuten dauert und ihn in nie zuvor betretene Bereiche des Friedhofs führt. Als er endlich wieder bei den Buchen anlangt, ist die Bank frei.

7. Dezember

Die Zweige sind jetzt zu 90% kahl, schätzt U. Im Wind entsteht dennoch ein säuselnder Ton, ein Wort, das eigens für diese Art der Wahrnehmung geprägt wurde.

Ein mildes Licht fällt auf die aufgerissene Narbe. Moos wächst, Feuchtigkeit sucht sich ihren Weg. Klopft U. neben den Rissen auf den Stamm, klingt es hohl.

Was diese Buche hervorgebracht hat, hat auch ihn hervorgebracht, denkt U. etwas rührselig. Biologisch ist diese Einsicht in jedem Fall zutreffend, religiös – er ist nicht sicher. U. kam noch nie weiter als bis zu diesem Punkt und er befürchtet, er wird auch nicht mehr weiterkommen.

19. Dezember

U. sitzt nun recht exponiert, von einer blassen Wintersonne beschienen. Ganz leichter Dunst. Kurios, dass in der dunkelsten Phase des Jahres die Bank unter den Buchen am stärksten im Licht liegt.

Echnaton hatte einen guten Grund für seinen Sonnenkult, den besten. Denn wen sollte man verehren, wenn nicht das Gestirn, dem man die Existenz verdankt. Und so wurde auch Mithras mit der Sonne gleichgesetzt und die römischen Soldaten machten seinen Kult zur Weltreligion. Das Christentum trat das Erbe an und der Messias erschien als die aufgehende Sonne. Allerdings muss auch das Zentralgestirn einen Ursprung haben und ist nur eine von - Abermilliarden? - Sonnen, also keineswegs der Ursprung von allem.

U. hat im November Chrysanthemen auf das Grab M.s gelegt und entfernt sie erst heute. Die Haltbarkeit der gelben Blütenbälle beeindruckt ihn.

M. hatte sich sein Leben anders vorgestellt. Auf ruhigen Bahnen, als Sparkassenleiter. Dann die Scheidung, die ihn in die Großstadt führte, dann die Krankheit. M. wollte gerne leben, hatte noch viel vor. Aber das war nicht maßgeblich.

29. Dezember

Jetzt, um 15.35, liegen nur die obersten Partien der Buchen in einem strahlenden, klaren Licht. Scharf zeichnen sich die Äste gegen den blauen Himmel ab. U. legt den Kopf in den Nacken und sieht eine Weile nach oben. Wo er sitzt, ist es trotz des Sitzkissens empfindlich kalt. Kaum jemand würde auf die Idee kommen, sich bei diesen Temperaturen auf eine Bank im Freien zu setzen.

Der erste Wunsch des Menschen ist der nach Bindung, sinniert U., stärker noch als der nach Autonomie. Eine Bindung kann auch zu einem Ort entstehen, einem Kunstwerk, einem Tier, einer Pflanze. Das Tier wird erwidern, im Rahmen seiner Möglichkeiten, die Pflanze – eher nicht. Kurz sieht U. sich die Buche endlich einmal umarmen, er könnte es gefahrlos tun, der Friedhof ist menschenleer.

Seine Beziehung zu den Buchen ist aber durchaus eine Art Interaktion. Sein Denken richtet sich auf sie, konturiert sich an ihnen – entsteht es sogar durch ihre Einwirkung? Oder Mitwirkung? Er bringt sie in sich hervor, aber sie bringen auch ihn hervor – es gibt kein leeres Bewusstsein.

U. schwindelt ein wenig.

5. Januar

Mit den und durch die Buchen hat U. das Jahr genauer nachvollzogen als jemals zuvor. Er nimmt an, dass sie in etwa vier Monaten wieder ausschlagen werden, sobald eine Tageslänge von 13 Stunden erreicht ist. Er nimmt an, dass die Blätter sich entfalten, männliche und weibliche Blütenstände sich entwickeln werden. Er nimmt an, dass Früchte gebildet und die Blätter im Herbst abfallen werden, vergangene Zyklen lassen auf zukünftige schließen.

U. hat verstanden, dass es keinen vollkommen intakten Ort gibt, dass der Wurm selbst im stärksten Stamm nagt. U. glaubt zu wissen, was die Wiederkehr des Lichtes bedeutet. U. ist sich auch im Klaren, dass er selbst allein ist und doch nicht allein, sondern eingebunden in einen Zusammenhang – genau wie die Buchen.

Im Osten steht der Mond am strahlend blauen Himmel. Er sieht wie eine patinierte Silbermünze aus, mit taubenblauen Flächen, schattenhaft und mysteriös.

Am meisten kommt es auf den Schönheitssinn an, denkt U. im Weggehen, er vermittelt noch am meisten.

19. Januar

Kühle, leicht neblige, durchfeuchtete Luft. Zu Füßen der Buchen: Schneeglöckchen. Es wird heller, geht auf den Frühling zu, obwohl es nun doch noch geschneit hat.

Etwa dreißig Meter von U. entfernt steht ein Mann und blättert die Seiten eines dicken Buches um, was in der Umgebung anachronistisch wirkt. Vielleicht ein Friedhofsführer, der sich auf einen Rundgang in der kommenden Saison vorbereitet, spekuliert U. Der Mann hat seinen Blick gespürt, ihn bemerkt und schlägt das Buch prompt zu.

Vielleicht wird er seinen Zuhörern von der Geschichte der ehemaligen Äcker und Fluren erzählen. Es ist nämlich durchaus möglich, dass hier ein Kampfschauplatz im Dreißigjährigen Krieg war. U. hat gelesen, wie Schweden und Franzosen in der Gegend zugunsten einer Jagd ihrer Generäle verweilten und dann von den Verteidigern der Stadt aufgespürt und angegriffen wurden. Eine Schlacht wurde geschlagen, wobei man nicht mehr genau weiß, wie weit sich der Kampf hinzog und wo sein Zentrum war. Mehrere hundert Soldaten kamen um, 1000 Pferde mit ihnen. Beim Rückzug der

Schweden und Franzosen wurden 20 Dörfer dem Erdboden gleichgemacht, zur Vergeltung.

Vor etwa 130 Jahren wurde das Gelände dann einem Gut abgekauft und außerhalb der rasch wachsenden Stadt ein neuer Friedhof angelegt. Die Äcker renaturierte man, pflanzte Laub- und Nadelbäume, Sträucher. Weite Rasenflächen waren auf steigende Nachfrage vorbereitet, Friedhofstechnik und Gebäude kamen hinzu.

Im Trend liegen aber die Einäscherung, die Seebestattung und das Waldgrab. Nicht nur sind diese kostengünstiger und verlangen keine Grabpflege – sie ermöglichen auch ein rascheres Verschwinden, Spurlosigkeit.

26. Januar

Noch mehr Schneeglöckchen, sie erkennen, wann es Zeit wird. Wobei man das nicht als „erkennen" bezeichnen sollte, meint U.

Auf der Bank hat jemand mehrere Haselnüsse nebeneinander gelegt, vermutlich für die Eichhörnchen zur Abholung. Sie sind aber noch nicht darauf aufmerksam geworden oder warten, bis die Luft wieder rein ist und sich das bedrohlich große Etwas entfernt hat.

Würde er hier auf der Bank einen plötzlichen Herztod erleiden, könnte es gut sein, dass er einige Stunden unentdeckt bliebe oder als sich ausruhender Friedhofsbesucher verkannt würde.

U., nicht ohne Humor, gewinnt dieser Vorstellung eine komische Seite ab.

9. Februar

In der Sonne, umgeben von lila Krokussen, die sich durch das Buchenlaub gekämpft haben. Sie werden bereits von Bienen besucht.

Noch mehr Schneeglöckchen sind aufgegangen und sogar eine von einem Grab versprengte Christrose.

Diese Kraft ist nicht zu brechen.

16. Februar

Noch mehr Krokusse – wie ein Teppich. Dazu Frühlingsknotenblumen. Es ist unglaublich, was sich alles im Boden verbarg und nun hervordrängt. Die Haselnüsse sind verschwunden.

U. hätte nichts dagegen, hier unter seinem Lieblingsbaum zu enden und in den Kreislauf einzugehen – vielleicht wird die Option auch auf diesem Friedhof noch angeboten werden, er wäre sofort dafür zu haben.

Kein Wunder, dass der Baum ein universelles Symbol ist. Wurzeln in der Erde, Stamm als Verbindung zwischen dieser und dem Himmel, nach dem die Krone sich ausrichtet. Gedeihen und Wachsen, absterbende Blätter und deren Erneuerung, Wiedergeburt, Aspiration.

Trost der Bäume, Brechts Gedicht fällt U. ein.

20. Februar

U. sitzt an einem ungewohnten, neuen Ort, denn seine Bank ist wieder besetzt.

Friedhöfe sind Erinnerungsorte, überlegt er im Gehen. Sich den Verstorbenen im Gedenken zuzuwenden, Grabstätten zu errichten und zu erhalten, ist biologisch sinnlos, aber nicht kulturell. Man gewinnt so gerade dem Sterben noch etwas ab: Bekenntnis und Würdigung. Die Natur hingegen geht über die abgestorbenen Organismen hinweg, ihr Interesse gilt der Fortpflanzung und Verjüngung.

Allerdings ist die Personifikation der Natur eine sentimentale Hilfskonstruktion, schließt U., ein Versuch, sich dem Unfassbaren anzunähern, es in einen menschlichen Horizont zu bringen.

23. Februar

Die eigentliche Krux ist der Schmerz, das Leid der Kreaturen. Es bildet einen Widerstand für das Sinn- und Gerechtigkeitsbedürfnis.

Die diversen Versuche, hier Lösungen anzubieten, sind für U. alle unbefriedigend.

Naturkräfte wirken, unabhängig davon, ob dies vorteilhaft ist oder nicht – es ist Sache der Organismen, mit ihnen zurechtzukommen. Die Buchen stehen im Sturm und halten stand – oder eben nicht. Die Buche verkraftet den Schaden am Stamm, die eindringende Feuchtigkeit und die Schmarotzer und Schädlinge – oder eben nicht. U. geht geistesabwesend vor sich hin, stolpert in einem der vielen Löcher im schlecht gepflegten Friedhof, fällt hin und bricht sich den Oberschenkelhals – oder eben nicht.

Gibt es dennoch eine zugrundliegende Harmonie, einen Ausgleich in der Vertikalen?

U. kapituliert vor dieser Fragestellung.

8. März

Starker Schwund bei den Krokussen, aber noch behaupten sich einige.

Ein Waldläufer, am Stamm von U.s Buche. Dann sieht er den Menschen und fliegt erschrocken weg. Ganz kurz war es so, als ob U. nicht existierte, seine Anwesenheit keine Veränderung in der Umgebung bewirken würde., er reines Bewusstsein wäre.

U.s Sympathie gilt definitiv und fasst uneingeschränkt den Tieren. Sie existieren aus eigenem Recht, ein Recht, das bedeutet, nicht zugunsten der Menschen flächendeckend verdrängt zu werden oder als „Nutztier" zu dienen. Der Friedhof ist ein Schutzraum auch für sie, denn hier sind keine Hunde erlaubt und es gibt kaum Gefährdung durch Fahrzeuge.

Allerdings halten sich nicht alle Friedhofsbesucher an die Vorschriften und U. hat schon Gassigänger und Jogger in kurzen Hosen beobachtet.

15. März

Das Totenglöckchen, vom Turm bei der Ausseg-
nungshalle.

Causa finita.

5. April

Ein Jahr ist um – vom kleinen Holunder gibt es wirklich etwas zu lernen. Für den verstümmelnden Schnitt konnte er nichts, aber er setzt dort an, wo es möglich ist, macht unverdrossen weiter. Kommt es auch nicht zur vollen Entfaltung des Potenzials, so doch zu einer Selbstbehauptung innerhalb der Bedingungen, wie sie nun einmal sind.

Etwas wird U. auch noch mitnehmen: Es war wichtig, immer zu kommen, nicht nur bei Sonnenschein und lauem Wind, sondern auch bei Regen und vor allem im November, der bei weitem nicht so uninteressant und trüb ist wie man ihm nachsagt.

19. April

Perfektes Timing, gut zwei Wochen früher als letztes Jahr. Alles ganz grün, ganz neu. Ab jetzt wird es zu Füßen der Buchen dunkel, keine Chance für die optimistisch aufgegangenen Gräser.

U. hat schon geahnt, dass die Bank wieder einmal besetzt sein würde. Es liegt sogar jemand auf der Bank, wohlig ausgestreckt.

U. geht rasch vorbei, streift nur flüchtig den Anblick des Mannes im Arbeitsoverall. So könnte die Beziehung zur Umwelt sein, denkt U. melancholisch. So behütet, so vertrauensvoll, so voll Rücksicht, denn er geht zugunsten des Mannes davon aus, dass alle Zigarettenkippen im Marmeladenglas untergebracht wurden. Aber das ist der Paradieszustand und bald wird jener wieder seinem Job nachgehen, wird pflanzen und ausreißen, wird ausheben und einebnen, wird vielleicht die Buche fällen, in deren Schatten er schlief.

Nun ist sie also vorbei, meine Begegnung mit den Buchen, schließt U.

Ohne Aufsehen zu erregen gelangt er auf den Weg.